# ¿ESTÁ DIOS ESPERANDO UNA CITA CONTIGO?

DWIGHT ROBERTSON

FORGE

¿Está Dios Esperando una Cita Contigo?

2022 por Forge. Todos los derechos reservados.
Publicado por Forge, 14485 East Evans Avenue,
Denver, Colorado 80014

ISBN 979-8-9866057-4-6 (libro de bolsillo)
ISBN 979-8-9866057-5-3 (libro electronico)

Traducido por Adán Carranza

Primera Edición, 2002

Escrito por Dwight Robertson

Visítanos en línea en www.forgeforward.org

*Como el ciervo anhela las corrientes de agua,*
*así suspira por ti, oh Dios, el alma mía.*
*Mi alma tiene sed de Dios, del Dios viviente;*
*¿cuándo vendré y me presentaré delante de Dios?*

*Salmo 42:1-2*

# CONTENTS

## SEDIENTO POR MÁS

Al comienzo de mi relación con Dios, recuerdo cuán apresurado siempre parecía ser mi tiempo devocional diario. Mientras buscaba conocer a Dios más íntimamente, generalmente terminaba abarrotado como loco para ganarle al reloj. Tenía sed de Dios y un pequeño trago de su copa no era suficiente.

A menudo me iba con más sed que cuando empezaba.

Al igual que el salmista, *anhelaba* un tiempo con Dios que no tendría que terminar antes de que realmente comenzara. Quería profundizar con Él más de lo que me permitirían unos minutos aquí y allá.

Cuando una tormenta de nieve inesperada o un sábado por la mañana disponible me permitía pasar más tiempo con Dios, me encantaba, era casi como una cita sorpresa. Pero esas oportunidades no ocurrían muy a menudo.

*Anhelaba* más.

Finalmente, me di cuenta de que no tenía que esperar a que ocurrieran esos raros e inesperados momentos para pasar mucho más tiempo a solas con Dios. No tenía que esperar hasta que estuviese seco y sediento de Su agua viva para beber hasta saciarme.

No tenía que pasar únicamente el tiempo suficiente con Él para apenas mantener viva mi relación de amor con Él.

¿Por qué no *planear* momentos con Dios para cultivar la intimidad que ayudaría a nuestra relación prosperar?

¿Por qué no tener citas con Él?

Los esposos y esposas sabias no esperan hasta que su matrimonio se encuentre en dificultades para poner su relación matrimonial ante otras cosas. Hacen que su tiempo juntos sea una prioridad.

Y los mejores amigos no esperan para ver si podrían terminar pasando tiempo inesperado juntos. Proactivamente hacen tiempo el uno para el otro. Planean los tiempos juntos y los protegen poniéndolos en un calendario. Si no lo hacen, probablemente no serán mejores amigos por mucho tiempo.

También decidí ser proactivo con la relación más importante de mi vida. Comencé a programar tiempos con *Dios a propósito y de antemano*, y los vigilaría en mi calendario.

A veces sería un sábado por la mañana, un domingo por la tarde o una noche entre semana. Otras veces sería casi un día entero.

Rápidamente descubrí que aumentar la cantidad de tiempo que podía pasar con Él también aumentaba la *calidad* del tiempo que teníamos juntos. No tenía que apresurar las cosas, y eso hizo que mi tiempo con Él fuera más rico y profundo de lo que jamás había sido.

Le estaba dando mucho más de mí mismo y recibía mucho más de Él a cambio.

Me encontré esperando con anticipación estos desacelerados momentos. Me permitieron leer más ... pensar más ... meditar más profundamente en Dios y su Palabra ... reflexionar más plenamente en mi vida ... y hablar con Dios, sobre todo.

Y yo crecí. Crecí más en mi comprensión de Dios y crecí más en mi amor por Él. Cuanto más tiempo pasaba con Él, cuanto más valoraba lo que Él valora, y amaba más como Él ama.

Había encontrado una herramienta simple que estaba trayendo transformación a mi vida: citas frecuentes con Dios.

## TIEMPO A SOLAS

Cuando mi esposa, Dawn y yo éramos recién casados, Dios colocó en nuestras vidas una pareja casada mayor que nos modeló como lucía un matrimonio apasionado y vibrante.

Notamos que cada vez que estaban cerca el uno del otro, sus ojos brillaban, sus pasos se aligeraban y sus corazones parecían bailar. Incluso en medio de sus ocupadas vidas, nunca parecían olvidarse uno del otro ni se daban por sentado unos a los otros.

No tenían un matrimonio promedio. Tenían algo especial. Y Dawn y yo queríamos saber cómo mantener *nuestro* matrimonio tan fresco y vivo como el de ellos.

Entonces les pedimos que nos contaran su secreto.

Nos dijeron que hicieron algo que era realmente muy simple, pero que había pagado grandes dividendos en su relación. A lo largo de sus años de matrimonio, dijeron, ¡que nunca habían dejado de tener citas juntos! Tenían noches de citas frecuentes que cumplían sin importar cuán ocupadas se tornaran sus vidas.

Parecía bastante simple, y el resultado en sus

vidas era irrefutable, así que decidimos comenzar a tener citas de nuevo nosotros mismos ... y lo hemos estado haciendo desde entonces. Ha pagado enormes dividendos para nuestro matrimonio también.

## Las Exigencias de la Vida

Desafortunadamente, muchas parejas permiten que el romance que está presente en los primeros días de su relación disminuya a medida que atienden las demandas y detalles de la vida que agotan su energía: trabajar, lidiar con las finanzas, criar hijos y mantener un hogar. Con el tiempo, dejan de hacer las cosas divertidas, reflexivas y creativas para expresar su amor mutuo que hicieron al principio de su relación.

Si una pareja no tiene cuidado, la relación puede reducirse a solo lidiar con la vida, y no a construir un matrimonio amoroso.

Para mi esposa y para mí, las citas son una oportunidad para dejar a un lado esas exigencias cotidianas para que podamos recordar por qué estamos juntos y qué nos amamos el uno al otro. Nos permiten saborear la bondad de la vida y nos dan más tiempo para compartir entre nosotros de maneras que revitalizan tanto a nosotros mismos como a nuestra relación.

Las noches de citas frecuentes nos dan una oportunidad continua de enfocarnos el uno en otro y en la salud de nuestro matrimonio, sin importar cuán ocupada se vuelva la vida.

## Citas con Dios

Los paralelos entre profundizar nuestras relaciones humanas y profundizar nuestra relación con Dios son sorprendentemente similares.

De hecho, si escuchas y observas la vida de hombres y mujeres cuya relación con Dios es profunda e íntima, probablemente encontrarás que es porque pasan mucho tiempo con Él.

No estoy hablando de aquellos cuya espiritualidad se limita a unos momentos en la iglesia los domingos. Estoy hablando de esas personas piadosas a tu alrededor que tienen una relación con Dios que es tan vibrante durante la semana como lo es cuando están en la iglesia.

Las diferencias que ves en sus vidas son probablemente los dividendos de pasar tiempo prolongado con Dios. En un sentido, nunca han dejado de tener citas con él.

Tener citas frecuentes con Dios te permitirá llegar a conocerlo mejor. Y mientras lo haces, te encontrarás amándolo a Él más y más. También te permitirá conocerte a ti mismo mejor, tanto lo bueno como lo malo. Y producirá crecimiento en tu vida que nunca has conocido antes.

Eso es lo que las citas han hecho en mí.

# SIN PRISA Y SIN DISTRACCIÓN

El problema es que, la mayoría de nosotros sentimos que estamos demasiado ocupados y apurados para pasar un tiempo prolongado con Dios.

Apresuramos nuestro trabajo para poder hacer más. Apuramos nuestras comidas para poder pasar a otras cosas "más importantes". Nos apresuramos de un lado a otro, pensando que nuestro tiempo de viaje entre paradas se desperdicia. Nos apresuramos a través de encuentros cotidianos con extraños, viéndolos como interrupciones en nuestros horarios.

Y con demasiada frecuencia, apresuramos el tiempo que pasamos incluso con nuestros amigos cercanos y con nuestra familia.

## Tiempo sin Prisa

Pero no tienes que mirar muy lejos para ver el gran poder y la bendición de pasar tiempo sin prisa con otros.

¿Recuerdas la última vez que asististe a un retiro de fin de semana o pasaste la noche con un amigo y terminaste hablando hasta altas horas de la noche? ¿O la última vez que hiciste un viaje largo con alguien y tuviste horas en el camino para hablar y conocerse uno al otro?

Es posible que tu intención no haya sido acercarte a la otra persona, pero la relación probablemente fue mucho más profunda como resultado de pasar mucho tiempo hablando juntos.

Una cita con Dios te da el mismo tipo de tiempo sin prisa con Él, el cual te permite que la relación crezca en profundidad e intimidad.

La prisa es un enemigo de las relaciones, y a menudo es un enemigo de tu alma.

## Toda la Atención

Parte del poder de alejarse de todos y de todo lo demás con otra persona es que puedes prestarle toda tu atención. Y él o ella pueden hacer lo mismo contigo.

En el flujo normal de la vida cotidiana, dividimos nuestra atención entre muchas personas y cosas al mismo tiempo. Hemos aprendido que la multitarea es la forma de ser productivo en la vida. Los empleados dividen su atención entre varios proyectos de trabajo para que puedan hacer más. Como estudiantes, dividimos nuestra atención entre la tarea y la televisión, o escuchar música, para que la experiencia sea más agradable. Como oyentes, dividimos nuestra atención entre lo que dice la otra persona y los pensamientos sobre asuntos más apremiantes en nuestras vidas.

"Donde quiera que estés, sé todo allí", dijo Jim Elliot una vez. Es una cita que todos debemos tener frente a nosotros mientras luchamos contra las influencias de un mundo que tiene prisa y parece tener un trastorno por déficit de atención.

Tal vez podría tomar la misma idea y darle un giro un tanto diferente: "Con quien sea que estés, dale toda tu atención."

No tienes que mirar muy lejos para ver el gran poder y bendición de prestar toda su atención a otra persona. Solo observa a un niño que tiene la atención total de su padre o madre.

O mira lo que sucede a dos jóvenes que están enamorados el uno del otro. Quieren estar a solas juntos, alejados de todos los demás, y enfocarse únicamente uno al otro. Quieren acercarse y rápidamente crecer en su intimidad porque se dan mutuamente toda la atención.

He descubierto que las citas con Dios me permiten más plenamente enfocarme en Él y en lo que quiere decirme. Las citas me permiten "estar todo allí" mientras me siento a Sus pies y escucho. El resultado es que le conozco más y, a medida que lo hago, me vuelvo más como Él.

## ENCONTRANDO TU QUERENCIA

En las corridas de toros, hay un lugar en el ruedo donde el toro se siente seguro. A ese lugar se le llama *querencia*.

Si el toro puede llegar a ese lugar, el cual es diferente para cada toro, deja de correr. Puedes ver al toro reunir toda su fuerza. De repente, ya no tiene miedo. Y se vuelve peligroso para su oponente.

Es por eso que el trabajo del matador es saber dónde se encuentra este santuario de cada toro, y luego asegurarse de que el toro nunca tenga la oportunidad de llegar a él.

Suena mucho al trabajo de nuestro enemigo espiritual, ¿no es así? Satanás también quiere alejarnos de nuestra *querencia*, para que no tengamos la oportunidad de encontrar nuestro coraje y fortaleza. Para que no tengamos la oportunidad de encontrar nuestro centro de gravedad espiritual. Para que no tengamos la oportunidad de volvernos peligrosos para él.

## La Querencia de Jesús

A medida que lees los Evangelios, ves a Jesús continuamente encontrando su propia *querencia* personal. Lucas 5:16 dice que "a menudo se retiraba a lugares solitarios y oraba". Vez tras vez, se escapó de la multitud, incluso de sus amigos íntimos, los discípulos, y pasó tiempo a solas con Su Padre, recuperando la concentración y la fuerza.

Cada vez que salía de esas citas a solas con Dios, había una expresión del poder del Reino en la tierra.

En el Antiguo Testamento, Moisés también encontró su *querencia*. Había prolongado los tiempos a solas con Dios, donde Dios se movía en su corazón de manera poderosa y le daba mensajes para el pueblo de Israel, y para innumerables generaciones por venir.

Para algunos, puede parecer irresponsable que Moisés y Jesús dejaran a la multitud atrás por períodos de tiempo tan prolongados. (¿Recuerdas los problemas en que se metieron los israelitas mientras Moisés se alejó?). Las personas que ellos dejaban atrás tenían necesidades desesperadas y necesitaban de su instrucción. ¿Estaba realmente bien que se alejaran de sus responsabilidades ministeriales durante tanto tiempo para poder encontrarse con Dios?

Cada uno de nosotros podemos hacernos la misma pregunta de vez en cuando. Todos tenemos personas que necesitan y dependen de nosotros, y a veces sus necesidades parecen críticas y apremiantes. Por lo tanto, puede parecer irresponsable alejarse de ellos por un tiempo para pasar un tiempo prolongado con Dios.

Pero Jesús y Moisés demostraron que la *querencia* es absolutamente necesaria para que podamos operar en la fuerza y el poder de Dios. Si Jesús lo necesitaba, ¿no lo necesitamos tú y yo?

Debemos estar convencidos de que la intimidad con Dios es una base para servir a los demás, y debemos estar dispuestos a confiar a otros en las manos capaces de Dios mientras pasamos tiempo con Él.

Las citas frecuentes con Dios son una oportunidad para que encuentres tu propia *querencia* personal. Las citas proporcionan un lugar para que tú puedas encontrar la paz, la sabiduría, el coraje, la fuerza y el amor que son una efusión natural de conocer a Dios de una mejor manera y de estar más cerca de Él.

Pero como el matador en las corridas de toros, Satanás no quiere que encuentres tu *querencia*. Y él hará todo lo posible para detenerte. Tal vez esa sea parte de la razón por la que a todos nos resulta tan difícil llegar allí. Es por eso que a todos nos resulta tan difícil hacer esas citas con Dios y luego mantenerlas.

Nuestro enemigo ha ideado todo tipo de formas para mantenernos apurados y mantener nuestra atención desviada de Dios para que perdamos el gozo y la fuerza que provienen de esos momentos desacelerados de indiviso enfoque con Él.

## 5

## PLANEANDO LA CITA

Satanás tiene todo un arsenal de armas que usará para evitar que encuentres tu lugar de querencia con Dios. Uno de sus mayores ataques es convencerte de que estás demasiado ocupado.

He descubierto que el mayor desafío para tener una cita con Dios es apartar el tiempo para hacerlo. Si no lo convierto en una prioridad y lo agendo en el calendario, como lo haría con cualquier otra reunión importante, simplemente no sucederá.

Piensa en cuántas veces le has dicho a un amigo: "¡Tenemos que reunirnos un día de estos!" Y, a pesar de sus buenas intenciones, no es hasta que le pones una hora la cita en tu agenda que realmente sucede.

Pregúntale a cualquier pareja casada que no tiene "salidas de novios". Por lo regular, no es que no quieran tenerlas; sino que han dejado de agendar fechas.

Lo mismo sucede para las citas con Dios. Las personas que desean tener tiempos prolongados de intimidad con Dios tienen que sacar sus calendarios y agendar tiempos específicos para estar con Él. Usualmente no sucede de otra manera.

## Fijando la Hora

Desde el principio, mi esposa Dawn y yo, aprendimos en nuestra vida de novios ya casados, que el viernes no es la única noche mágica para el romance. Hemos descubierto que las citas pueden ser emocionantes en diferentes momentos del día, en diferentes días de la semana.

Del mismo modo, al programar citas con Dios, debes salir de lo ordinario con respecto a cuál es el día y hora perfectos. Cualquier momento es funcional.

Lo principal es que las programes por adelantado, de forma proactiva.

Sin embargo, elegir una fecha en el calendario es solo el comienzo. Quizás la parte más difícil es protegerla. Otras cosas importantes y aparentemente más urgentes aparecerán y amenazarán ese tiempo.

Casi puedo prometerte esto: será muy difícil para ti proteger tus citas con Dios.

Los distractores surgirán naturalmente. Y si eso no lo hace lo suficientemente difícil, el enemigo de tu alma hará todo lo que pueda para alejarte de tu tiempo designado con Dios.

En mis años de juventud, cuando me era difícil decirle que "no" a la gente, recurrí al uso de un marcador permanente negro y ocultaba la fecha. (Obviamente, eso fue antes de que usáramos sistemas electrónicos para programar nuestras vidas). En mi calendario, todo el espacio para ese día era lo marcaba en negro. Era la única forma de protegerlo, no podía escribir nada más para ese día, así que verdaderamente no era negociable.

El día no existía para nadie ni para nada más.

Realmente es cuestión de prioridades. No cancelaría una fecha con mi esposa solo porque surgió otro asunto, a ambos nos decepcionaría. Así que tampoco quiero cancelar una cita con Dios. He aprendido a guardar celosamente esas fechas, reusándome a reprogramar a menos que algo absolutamente crucial realmente me impida tener mi cita.

En ese caso, reprogramo inmediatamente un nuevo día en el futuro cercano. Si no lo hago, esa cita queda definitivamente cancelada y no sólo pospuesta.

Si otros piensan que nos necesitan ese día, podríamos sentirnos culpables diciendo "no". Pero, salvo casos raros y extremos, en que realmente necesitemos hacerlo. Una cita con Dios rara vez tendrá un sentido de urgencia como otros asuntos en la vida, pero es una de las cosas más importantes que podemos hacer.

Me recuerda el relato bíblico de la visita de Jesús a la casa de María y Marta. Jesús no dijo que lo que la actividad Marta no fuera importante. Él dijo que la elección de María de sentarse a Sus pies era mejor, en otras palabras, era más importante.

Continuamente serás tentado a poner las cosas menos importantes antes de tu cita con Dios. La clave es planificarlo desde el inicio y apartarlo con tu vida.

## Encontrando tu lugar

Hay un dicho bien conocido en bienes raíces; que las tres cosas más importantes a considerar al elegir comprar una propiedad son: "ubicación, ubicación, ubicación".

La ubicación también es importante cuando tienes una cita con Dios.

Para la mayoría de las personas, el lugar ideal para una cita con Dios necesita estar en algún sitio fuera de la casa o lejos de espacios concurridos. Deseas alejarte de las interrupciones y los patrones de pensamiento, de los lugares más concurridos de tu vida; esa es la razón por la que las parejas salen de cita.

No querrás ser distraído por el césped que no ha sido cortado, los platos que no se han lavado, la lista de tareas del hogar acumuladas, el flujo de personas entrando y saliendo, la presencia de tu computadora (con tu correo electrónico) o el teléfono que está sonando.

Otro punto valioso de ir a un lugar fuera de lo común es la creatividad que puede despertar. Hay algo acerca de los lugares tranquilos y reflexivos que a menudo generan pensamientos más profundos. Los enamorados no suelen escribir pensamientos poéticos en una oficina o en el bullicio de la autopista. Es cuando están en entornos románticos y expresivos que comienzan a hablar entre ellos de una manera más personal y sincera.

La naturaleza es un gran lugar para ser creativo, quizás porque es donde la expresión creativa de Dios está por todas partes. Mientras el viento hace que las hojas se agiten y la luz natural cambia de un minuto a otro, se evita que tu proceso de pensamiento se estanque.

Actualmente, mi lugar favorito para tener citas con Dios es un parque estatal. Me siento debajo de unos árboles cerca del borde del agua, y mientras escucho las corrientes de agua, es casi como si el

Espíritu de Dios se derramara sobre mi alma. Simplemente me lleva a nuevos lugares.

Ya sea que vivas cerca de las montañas o de la playa, en una ciudad o en las llanuras, puedes encontrar un parque, una reserva natural o simplemente un prado o campo donde puedas apreciar la belleza y el poder de Dios.

Cuando el clima no te permita estar afuera, también puedes encontrar un montón de excelentes lugares al interior. Los salones de la escuela dominical de las iglesias rara vez se usan entre semana y a menudo están disponibles. A veces, otras personas te permitirán usar sus casas durante un día laboral. Amigos míos incluso disfrutan yendo a una cafetería o una biblioteca para sus citas con Dios.

Puedes descubrir que uno de tus sitios favoritos se convierte en tu lugar especial para la ubicación de tus citas, o puede que prefieras la variedad de visitar diferentes lugares, tal vez incluso yendo a más de un lugar en una misma cita.

Puede tomarte algún tiempo encontrar los lugares que funcionan mejor para ti. Cuando me mudé a una nueva ubicación, probé varios lugares hasta que encontré lo que consideré "mi lugar".

Donde quiera que elijas, te recomiendo invertir parte de tu tiempo en apartar tu lugar especial, un lugar donde te sientas a gusto para ser expresivo con Dios. Reunirte en un lugar público puede que funcione bien para algunas personas, pero también puede tener desventajas. Por ejemplo, mis citas pueden implicar recostarme, postrado ante Dios, o acurrucarme para pasar una breve siesta en su presencia. Podría acostarme boca arriba, mirando a través de los árboles escuchando alabanzas. Con frecuencia quiero poder orar en voz alta o cantarle a Dios, así que, si estuviera en un lugar público sería incómodo.

Sobre todo, no quiero que otros me vean; esto es un tiempo privado entre Dios y yo. Si uso un cuarto en un lugar cerrado, incluso pongo una nota en la puerta: "Reunión importante en proceso. NO MOLESTAR." No quiero sentirme inhibido de ninguna manera por la incómoda idea de que alguien pudiera entrar.

## 6

## PREPARÁNDOTE

Si nunca has hecho algo así, es posible que sientas ansiedad ante la idea de pasar tanto tiempo a solas con Dios.

¡¿Tantas horas sin hacer nada?!

Suena abrumador ... incluso intimidante. Pero no hay ninguna razón por la que no puedas comenzar con algo pequeño: una cita con Dios puede durar desde una hora hasta un día entero.

Recuerdo estar muy nervioso mientras conducía a mi primera cita con mi esposa. Tenía muchas esperanzas, pero no sabía qué esperar.

Cuando entré por la puerta, Dawn me tranquilizó cuando inmediatamente dijo: "Estoy muy nerviosa. ¿Estás nervioso?"

Los dos nos reímos, y de repente ya no me sentía incómodo. Esa noche, no necesitábamos actuar el uno para el otro. En cambio, estábamos grabando el momento en nuestra memoria, diciendo: "Esta es una experiencia nueva, y mi nivel de comodidad no es muy alto en este momento. ¡Pero estoy seguro de que me esforzaré en alcanzarlo!"

Si así es como te sientes, sé honesto y transparente ante Dios. Comienza tu cita con Dios diciéndole: "Estoy un poco nervioso por esto. Nunca lo he hecho antes y siento un poco de ansiedad".

A menudo, el solo admitir estos sentimientos de nerviosismo puede ayudar a tranquilizarte. Y ese es el mayor objetivo de tu cita con Dios: estar a gusto con la persona que amas.

## Fechas que son exclusivamente tuyas

Del mismo modo que no hay dos matrimonios iguales, el tiempo que pases con el Señor será diferente al de otra persona porque tu relación con Él es única. Cuando planees tener una cita con Dios, no te sientas como si tuvieras que encajar en el molde de otra persona. Otros pueden brindarte muchas ideas y pueden ayudarte a descubrir nuevas formas de conectarte con Dios, pero en última instancia, esta es TU cita con Dios.

El propósito de este folleto es darte un conjunto de ideas para extraer, algunas sugerencias que puedan ayudarte a comenzar a pensar en cómo planear tu propia cita con Dios. No lo veas como una lista de tareas qué cumplir, que te califica de forma reprobatoria si no has hecho esto o aquello.

Poco después de casarme, encontré una lista de actividades para esposos al final de un libro. En ella se describían 101 formas de amar a tu esposa. No lo leí y dije: "Bueno, solo estoy haciendo trece de éstas, así que soy un fracaso". Más bien, busqué algunas ideas creativas para mejorar mi matrimonio.

Usa esta lista de rutas de expresión creativa, que ¡de ninguna manera es exhaustiva!, para mejorar tu relación de amor con Dios, no la uses para criticarte a ti mismo. Déjame ayudarte a encontrar tus propias formas de crecer en tu amor por Él.

Elije las ideas que te interesen o propón algunas ideas propias. Si cierta idea no funciona para ti, intenta algo más. Y no tengas miedo de intentar algo que regularmente no harías. Ir de excursión puede no sonar prometedor al principio, pero permítete experimentar a Dios de nuevas maneras a medida que intentas cosas nuevas.

Pero recuerda que estas actividades (en sí mismas) no son el objetivo principal: la amistad con Dios sí lo es.

No hay una fórmula exacta, pero es imposible equivocarte mientras pases tiempo íntimo con Él y te acercas más a él.

## Cuidando los detalles

Cuando planeo una cita con mi esposa, veo la fecha en el calendario y comienzo a esperar ese día desde varias semanas antes. Pienso en el restaurante, en hacer una reservación, prepararme para tener buena música sonando en el automóvil e incluso detenerme en algún sitio para comprarle flores o una tarjeta.

La planificación ayuda a que la cita sea aún más significativa para ambos.

Ahora bien, sé que, en tu caso, puede que seas, o no, un buen planificador; la planeación puede ser divertida para ti o puede ser un trabajo pesado. Pero planear un poco antes de tu cita con Dios podría significar un largo camino que al final logrará hacerlo más significativo.

Quiero que mis citas con Dios sean geniales, así que pienso con anticipación en lo que quiero llevar conmigo o lo que quiero hacer mientras estamos juntos. Comienzo a empacar mi mochila: un libro, música, comida y cualquier otra cosa que se me ocurra, antes del día de mi cita.

Mientras planificas con anticipación, pídele a Dios que te recuerde las cosas que podrías llevar y que harían tu cita emocionante, divertida y profundamente significativa. Lleva lo que sea que haga que este tiempo sea un momento más significativo para ti.

## Grandes expectativas

Independientemente de cuánto te prepares, recuerda que las citas con Dios deben ser tiempos de "ser", no solo de hacer. No sientas que tu cita tiene que estar llena de una lista de actividades. A veces solo necesitamos salir de nuestras rutinas normales y estar con Dios, disfrutando de Su presencia y descansando en Su amor.

En mis citas con Dawn, siempre pienso en "diversión" y "relación", no en "actuación". Mi mentalidad no es tener que impresionarla; es que vamos a disfrutar estar juntos. Una cita con Dios es lo mismo.

Acercarte a una cita con una mentalidad de actuación causa estrés y evita que lo disfrutes. En tus citas con Él, no esperes salir con una gran revelación sobre la voluntad de Dios para tu vida.

Podrían ocurrir increíbles revelaciones, a menudo ocurren, pero si entras en la cita con tu agenda de lo que Dios va a hacer, estás asumiendo sobre lo que Él hará, y probablemente sentirás que todo es un fracaso si Él no cumple tus expectativas.

Del mismo modo, no esperes salir de tu cita con una lección bien desarrollada de la escuela dominical o un estudio bíblico. (Los hombres estamos especialmente inclinados a hacer que la cita sea más sobre hacer algo que estar en relación con Dios).

Y no esperes que cada cita con Dios produzca momentos súper espirituales que sacudan la tierra. Elías el profeta aprendió en 1 Reyes 19 que Dios no estaba en el viento poderoso, o en el terremoto, o en el fuego. Dios vino a él en un suave susurro.

Recuerda siempre que las citas con Dios son en última instancia pasar tiempo con Él y disfrutarlo. Estos tiempos producen intimidad profunda, acumulativa y de largo plazo. El objetivo es atizar tu amor por él en una llama que arda constantemente, no en una vida que como una pequeña chispa se extingue rápidamente.

Eso es.

Deja que todo lo que él elija hacer sea una sorpresa para ti.

## 7

# TU ENCUENTRO CON DIOS

Has establecido la fecha. La has preservado con éxito. Te has preparado para ello. Y finalmente está aquí.

¿Ahora qué?

Como he dicho antes, lo que hagas en la cita debería ser un reflejo de quién eres y cómo te relacionas mejor con Dios. No hay una única manera de hacer una cita y, de hecho, puedes mantenerlas frescas si las realizas de diferentes maneras de vez en cuando.

Aun así, hay algunas actividades que yo y otras personas, hemos encontrado y que pueden hacer que una cita con Dios sea muy significativa:

## Entrar en las Escrituras (y dejar que entren a ti)

Una cita con Dios es una oportunidad perfecta para leer más de Su Palabra de lo que normalmente es posible. Puedes leer un libro más largo de la Biblia de principio a fin, experimentar su impacto general, o absorber un libro más corto al leerlo varias veces. Lee en voz alta si esto mantiene tu mente mejor enfocada.

Intenta memorizar un verso o repasar versos que ya conoces.

Meditar en la Escritura y orar acerca de cómo aplicarla a tu vida. Te recomiendo rescatar de tu cita con Dios una "gran idea" o un verso que te recuerde, de vez en vez, esa cita íntima.

Este también puede ser un buen momento para hacer un estudio sobre algún tema. Elije una palabra o un personaje bíblico, y aprende más usando una concordancia (que se encuentra en la sección final de muchas Biblias) para encontrar pasajes relacionados.

En una de mis citas, busqué la palabra "lengua" para conocer el poder de nuestras palabras. Me sorprendió todo lo que Dios tenía que decir sobre lo que decimos.

Simplemente no dejes que esto se convierta en un tiempo para preparar una enseñanza o una charla. ¡Esta es una cita, no una sesión de tarea! ¡Diviértete y disfruta de la carta de amor de Dios para ti!

### Graba tu experiencia

Es posible que desees escribir nuevas ideas que obtengas de Su Palabra, pensamientos y oraciones a Él, o notas sobre lo que Él parece estar enseñándote. Sentarte con un cuaderno y un bolígrafo (o incluso una computadora portátil) es una excelente manera de reducir la velocidad, detenerte y reflexionar, permitiendo que Dios alinee tu corazón al suyo.

Las anotaciones en el diario pueden convertirse en un registro especial de tus tiempos a solas con Él. Son formas valiosas de reconocer y recordar Su actividad fiel en tu vida. Lucas 2:19 cuenta cómo

María "atesoraba todas estas cosas y las meditaba en su corazón".

Parte de atesorarlos es grabarlos.

Un cuaderno de vida espiritual (disponible a través de Forge en ForgeForward.org/Resources) es una maravillosa herramienta para mantener un registro de estudio de las escrituras, oraciones, diario y otros elementos de crecimiento espiritual. He estado usando uno por años ¡y hace toda la diferencia del mundo!

## Canta y haz música en tu corazón

En algún momento, durante tu cita con Dios, puedes querer parar de leer o escribir y dejar que la música eleve tu alma, y expresar tus pensamientos y sentimientos de maneras en que tus solas palabras no lo pueden articular. Lleva tu música, crea una lista de reproducción especialmente para tu cita, o es posible que desees obtener algo de música nueva que podría despertar nuevos pensamientos. Salmo 96: 1 nos dice: "Cantad a Jehová cántico nuevo".

Mientras escuchas, simplemente di en voz alta: "Sí, Señor, eso es lo que siento por ti."

Otra opción es llevar un himnario o un libro de alabanzas. Puedes tocar tu propio instrumento o cantar— incluso si no eres un cantante talentoso. (Esa es otra buena razón para elegir un lugar donde estés solo).

Un amigo mío (quien definitivamente no tiene talento para cantar) me dijo que, en una de sus citas con Dios, cantó cinco veces el himno "Castillo fuerte es nuestro Dios". Lo cantó una vez, dos veces, una y otra vez y en la quinta ocasión, ¡ya lo estaba cantando en tono triunfante con su más potente voz!

Haz de éste, un momento de adoración apasionada y jubilosa alabanza. A veces ni siquiera sé la melodía de algunos de himnos y coros, pero si las palabras me llegan profundamente, intento probar la letra con mi propia melodía. Mis canciones pueden no sonar maravillosas, pero mi audiencia de Uno está más interesada en la expresión de mi corazón que en la perfección de mi habilidad.

## Presenta tus peticiones a Dios

Una cita con Dios también es una oportunidad ideal para interceder por otros en niveles más profundos. A menudo, cuando dos miembros de la familia o amigos se juntan, es natural que hablen sobre su amor o preocupación por otros miembros de la familia o amigos. Lo mismo ocurre en tus citas con Dios: son una oportunidad para hablar más profundamente sobre las cargas que llevas de las personas que te importan.

Planea con anticipación y haz una lista de personas y necesidades específicas para que no olvides lo que quieres llevar ante el Señor. Es posible que desees orar por un gran grupo de personas, como tu familia extendida, que normalmente no podrías abordar en tu oración tranquila de la mañana. O podrías orar por viejos amigos a los que ya no vez con regularidad.

A menudo escribo un par de breves notas a las personas por las que estuve orando, informándoles que pasé tiempo pensando en ellas y orando por ellas. Incluso me tomo unos minutos de mi cita para escribir estas notas. ¡Qué estimulante pueden ser esto para ellos!

También puedes tomar un cuaderno o diario que contenga viejas listas de oración. Vuelve a las peticiones de oración anteriores, alaba a Dios por las respuestas que has visto o continúa orando nuevamente por ellas.

Simplemente habla con Él sobre lo que venga a tu mente: Él escucha y le encanta tener conversaciones con aquellos que ama y ese eres TÚ.

Entonces quédate quieto y escucha a Dios. En este tiempo apartado para estar con Él, Él no quiere que hables todo el tiempo: Él también quiere hablar contigo.

Deja que lo haga.

### Aprende de los viajes de otros

La mayoría de las veces, tomo conmigo algún libro de temas de desarrollo espiritual. No pueden reemplazar la Palabra de Dios, pero este tipo de recursos ayudan a impulsar mis pensamientos y mi corazón en direcciones a las que no pensaría ir. Con frecuencia, otras personas pueden ayudarnos a encontrar diferentes maneras de pensar en Dios o desarrollar intimidad con él.

Podrías llevar una biografía sobre un hombre piadoso o una mujer del pasado, o leer más sobre un tema que te interese.

Lo principal a tener en cuenta es que la lectura extra (y cualquier otra cosa que hagas en tu cita) debería llevarte a Dios, no hacer que te olvides de Él.

## 8

## MAXIMIZANDO LA EXPERIENCIA

Tengo un amigo cercano que, a través de prueba y error (muchos errores, dice), ha aprendido las formas de maximizar sus citas nocturnas con su esposa. Hace cosas que pueden no funcionar para otros, pero que realmente funcionan bien para él y su esposa.

Por ejemplo, siempre llegan a un restaurante antes de las 5:15 p.m. en sus citas de la cena para que no tengan que esperar un asiento. "¡Queremos maximizar cada segundo!" él dice.

Y siempre le pide a su niñera que tenga a sus hijos en la cama para cuando él y su esposa lleguen a casa para que no tengan que salir de su estado de relajación y concentrarse el uno en el otro.

Del mismo modo, también puedes, a través de prueba y error, encontrar tus propias formas de maximizar tu experiencia de citas con Dios. Aquí hay algunas cosas que me han funcionado:

### Banquete o Ayuno

Algunas personas encuentran que el ayuno puede ser una parte significativa de una cita con Dios, proporcionando una intimidad más profunda y un poderoso cambio de corazón. Si bien el ayuno es una práctica importante, personalmente he descubierto que mis citas con Dios no son el mejor momento para ayunar.

Quiero que estas citas sean un momento emocionante y divertido para estar con Dios y disfrutarlo, y en mi opinión, la comida a menudo es sinónimo de diversión. Cuando imagino salir en una cita y no comer ni beber nada, siento que me falta algo.

Así como cuando dos amigos se reúnen para almorzar o tomar un café, o una pareja prepara un picnic para una tarde romántica juntos, generalmente tomo mis refrigerios favoritos. A menudo, incluso tomo algo que no me permito tener regularmente en un día común, solo para hacer que la fecha sea aún más especial.

Tendrás que experimentar y encontrar lo que funcione mejor para ti, ya sea en ayunas o con un banquete.

## Descansa en la presencia de Dios

Si te sientes agotado durante tu cita (lo que no sería sorprendente si vives a un ritmo frenético, como la mayoría de nosotros), no te sientas culpable por necesitar tomar una pequeña siesta. Nuestros cuerpos necesitan tiempo para "descomprimirse" del ajetreo de nuestra vida cotidiana.

Es posible que te sorprenda lo cansado que te puedes sentir después de los períodos de lectura u oración. Permítete dormir por un tiempo y descansar en el Señor. No necesitas sentirte culpable. ¡Él realmente quiere que descanses en Él!

Tomar una siesta puede ayudarte a reenfocarte, y simboliza que este tiempo es realmente un momento sin prisa. ¡Mira esto como un recordatorio de que no eres capaz de dominar el mundo!

Dios te creó para necesitar períodos de descanso: solo Él es quien nunca duerme. Y salir de tu cita sintiéndote descansado y renovado, puede ser tan importante como salir con profundo conocimiento sobre un pasaje de la Escritura. Descansa en él.

## Quítate el reloj

En mis citas con Dios, aprendí a quitarme reloj. Al principio esto no vino de manera natural para mí, porque así gran parte de mi vida está programada a un ritmo intenso. Estoy acostumbrado a mirar mi reloj constantemente.

¿Pero te imaginas lo que pasaría si siguiera mirando mi reloj durante una cita con mi esposa? Sería ofenderla, y me distraería del disfrute de nuestro tiempo juntos.

Entonces, en mis citas con Dios, me quito el reloj.

A diferencia de mi tiempo diario con Él, cuando estoy bajo un horario y tengo un tiempo limitado, no tengo prisa cuando estoy en mis citas con Él.

De manera rutinaria empiezo diciéndole a Dios: "¡Me alegro por este amplio tiempo contigo! Es un placer quitarme el reloj y hacerte saber cuánto esperaba esta cita a solas contigo."

## Exhala para Inhalar

Otra cosa que he encontrado útil hacer justo antes de cada cita o al comienzo de esta, es "exhalar para poder inhalar".

Es decir, despejo mi mente y mi corazón de la carga y el desorden cotidiano para poder comprender mejor lo que Dios tiene para mí.

Exhalar puede involucrar el descargar el peso o la carga de las responsabilidades diarias, desechando "también de todo peso y del pecado que tan fácilmente nos envuelve" (Hebreos 12: 1). O puede incluir " echando toda vuestra ansiedad sobre Él, porque Él tiene cuidado de vosotros" (1 Pedro 5: 7).

Otra gran manera de "exhalar" es comenzar con un momento de reflexión y confesión. He descubierto que me prepara para recibir plenamente lo que sea que Dios quiera decir o hacer.

## 9

## SUPERANDO LAS BARRERAS

Mientras he estado enseñado el concepto de una cita con Dios a lo largo de los años, les he pedido a las personas que compartan conmigo algunas de las barreras que identifican les dificultan el disfrute de sus citas con Dios o les causan impedimentos para ni siquiera planificarlas. Estas son algunas de las barreras más comunes y algunas sugerencias sobre cómo superarlas:

### La barrera extrovertida

La idea de pasar una gran cantidad de tiempo asolas puede no parecer atractiva para ti si estás acostumbrado a estar cerca de las personas. Por lo tanto, para que el tiempo sea más agradable y significativo, puede intentar involucrar a otras personas en tus citas con Dios.

Puedes dividir parte del tiempo, (porque incluso los extrovertidos necesitan tiempo a solas con Dios), y luego reunirte más tarde para compartir tus experiencias o pasar tiempo adorando y disfrutando a Dios con otros.

Esto puede tener el beneficio adicional de

construir una comunidad y proveer responsabilidad, y es genial poder hablar con alguien sobre las formas en que Dios te está conociendo y cómo estás creciendo.

## La barrera de la responsabilidad

La logística para cubrir nuestras responsabilidades diarias puede ser realmente difícil en ocasiones. Trabajo. Niños. Colegio. Actividades extracurriculares. Iglesia. Amigos. Estas responsabilidades hacen que nuestra vida esté ocupada, y también pueden hacer que sea difícil escapar durante un período prolongado de tiempo.

Es difícil pero no imposible.

Tendrás que ser creativo. Para las parejas casadas con hijos, un cónyuge puede cuidar a los hijos mientras que el otro tiene una cita con Dios. O dos mamás que se quedan en casa pueden turnarse para cuidar a los hijos de cada una para que puedan alternarse y tener una cita con Dios. Ya tienes la idea.

Realmente se reduce a prioridades. Todos hacemos tiempo para las cosas que son importantes para nosotros, incluso aunque nos cueste algo, tenemos que ser creativos para hacer que suceda,

Esto es importante. ¡Sé creativo y haz tiempo para que suceda!

## La barrera del déficit de atención

La idea de pasar tanto tiempo concentrado de forma enfocada y sincera en una sola cosa, puede no ser atractiva para ti si tienes un déficit de atención, ya sea del tipo habitual que muchos de nosotros tenemos o una versión más extrema. Pero no dejes que eso te asuste. No cambia tu necesidad de tener un tiempo íntimo con Dios.

Quizás sea mejor para ti tener citas más cortas con Dios más a menudo. O tal vez necesite tomar descansos frecuentes donde hagas algo físico.

Así como te has aprendido a ajustar en otras partes de tu vida, puedes adaptarte en esta parte también. Lo importante es que profundices en las partes internas de tu ser y lo compartas con Dios, no importa de cuánto tiempo sea tu cita.

### La barrera de distracción

Similar a la barrera del déficit de atención, esta también es sobre la concentración dividida, pero tiene más que ver con las distracciones. Una de las tácticas favoritas de Satanás para obstaculizar tu tiempo con Dios es recordarte continuamente todas las cosas que "deberías" estar haciendo en lugar de estar una cita con Dios. Antes de que te des cuenta, otros pendientes y detalles estarán llenando tu mente. Difícilmente te podrás relajar, y mucho menos concentrarte.

Permíteme compartir un consejo que he encontrado útil: conserve un bolígrafo y un bloc de papel cercano para que puedas escribir cualquier cosa que venga a tu mente. El acto de escribir un pensamiento que te distrae puede ayudarte a dejarlo ir, dándote cuenta de que no necesitas preocuparte más por olvidarlo si es que es realmente importante que lo recuerdes luego. Mientras lo escribes, simplemente di para ti mismo, "me ocuparé de eso más tarde". Entonces regresa tu atención a Aquél que amas.

Puedes terminar escribiendo algunos pensamientos distractores en una lista antes de que tu mente esté clara y te sientas libre enfocarte completamente en disfrutar a Dios. Pero ¡no te desanimes ni te rindas! Solo sigue pidiéndole a Dios que te ayude a concentrarte, y trata de hacer algo diferente o cambiar tu escenario si es necesario.

Cualesquiera que sean las barreras que experimentes, no te rindas. Eso es lo que Satanás quiere. Él conoce la alegría, la paz y el poder que encontrarás en Cristo si superas las barreras, por ello las hace ver lo más grande posible.

Realmente no son tan grandes.

## 10

## SABOREANDO LAS RECOMPENSAS

Así como he disfrutado citas a solas con Dios al pasar de los años, he visto la importancia que tienen en mi relación con él para florecer. Cuando le doy a Él tiempo sin prisa y sin divisiones, Él hace varias cosas para profundizar mi depender en Él.

Por un lado, me guía en un grato descubrimiento de quién es Él y de cómo trabaja. Y mientras lo voy conociendo mejor, quiero conocerlo aún más. Tanto mi amor, como mi asombro crecen.

Otra cosa que Él hace en mis citas con Él, es guiarme hacia descubrimientos más profundos de mí mismo. Algunas veces, descubro detalles en mi carácter y en mi vida que están por debajo de la superficie. Son ese tipo de cosas que son difíciles de descubrir sin un tiempo de reflexión sin prisa, apuntando a la revelación de aquel que me ama perfectamente.

En otras ocasiones, él me ayuda a entender por qué me siento o actúo de cierto modo en situaciones o relaciones. O por qué me siento o actúo de cierta forma en mi relación con Él.

También me guía a reconocer y rendirme si en ocasiones he estado ocultándole algo. Y ese rendimiento me brinda un gran gozo, libertad e intimidad en mi relación con Él.

Siempre encuentro que el pasar largo tiempo con Él pone en mejor perspectiva los problemas en mi vida. Reduce mi estrés e incrementa mi gozo.

Últimamente, realmente disfruto el estar con Él. Y aquí está el truco: realmente creo que Él también disfruta estar conmigo.

¿No es un increíble pensamiento? Dios está buscando continuamente tener citas contigo. ¡Para Él es de gran Gozo!

## Es hora de comenzar

Quizás te haya introducido a un nuevo concepto en este pequeño folleto. Te he explicado lo que es una cita con Dios, por qué es importante y cómo hacerlo. Incluso te he contado de todas las recompensas.

¿Suena bien?

¿Por qué no poner una fecha en tu calendario ahora mismo? ¡Sí, ahora mismo! Deja este folleto y hazlo antes de que surjan nuevamente aquellos múltiples problemas de tu vida.

Creo que Dios sonreirá al verte escribir Su nombre en una fecha y hora específica.

¡Él te ama y espera ansiosamente una cita contigo!

## RECURSOS RECOMENDADOS

Lo siguiente que encontrarás es una lista de recursos recomendados para llevarte a un nivel más profundo en tu relación con Dios, o que ayuden a que tus días a solas con Dios sean enriquecidos y más significativos.

Cada uno de estos recursos están disponibles en el website de Forge ForgeForward.org/Resources

- Cuaderno de Vida Espiritual

- Practicando la Presencia de Dios por Robert Elmer

- Permanecer, por John y Shannon Boyd

- Ocho marcas por John Vermilya

- Devocionales Forge (ForgeForward.org/Devotional)

- "La Chispa del Día" un breve mensaje de texto (escribe SPARK al 33222)

## LISTA PARA EMPACAR

- Biblia

- Diario y bolígrafo (o computadora portátil)

- Lista de oración

- Tarjetas de notas para escribir notas de aliento

- Libro o revista de crecimiento espiritual.

- Música

- Lista de reproducción de adoración

- Instrumento musical

- Himnario o libro de canciones de alabanza

- Manta o silla para exteriores.

- Equipo apropiado para el clima para lugares al aire libre (sudadera, gafas de sol, bloqueador solar, etc.)

- Comida

## SOBRE EL AUTOR

Dwight Robertson es el fundador y presidente de
FORGE: Kingdom Building Ministries, un popular
orador en universidades, conferencias de pastores y
líderes, iglesias y varios eventos de crecimiento
espiritual y autor de "Eres el Plan A de Dios"

Dwight vive en Denver, Colorado, con su esposa,
Dawn.

Para programar a Dwight para hablar en su evento,
llame a Forge al+1 800.873.8957
o visite ForgeForward.org/Dwight-Robertson.

## SOBRE EL MINISTERIO FORGE

FORGEFORWARD.ORG

Forge: Kingdom Building Ministries es un ministerio interdenominacional, evangélico y de predicadores itinerantes que desafían a las personas a dedicar plenamente sus vidas a Dios y las equipa para vivir vidas de ministerio activo.

Sus dinámicos predicadores tienen demanda para diversos tipos de eventos en todo el mundo: jóvenes, estudiantes universitarios, mujeres, hombres, personas mayores y pastores.

Forge también ofrece programas dinámicos e intensivos de entrenamiento de obreros para jóvenes, adultos jóvenes y adultos. Numerosos libros, mensajes, contenido devocional y otros recursos también están disponibles. Para obtener más información, visite el sitio web de Forge en ForgeForward.org o llame al +1 800.873.8957